Norbert Braun

BRUTTOSOZIALGLÜCK

STATT

RAUBTIERKAPITALISMUS

Ein Versuch,
der wirtschaftlichen Götterdämmerung
des Westens entgegenzuwirken

**Bibliographische Information
Der Deutschen Nationalbibliothek**
Die Deutsche Nationalbibliothek
verzeichnet diese Publikation in
der deutschen Nationalbibliographie;
detaillierte bibliographische Daten sind
im Internet über http://dnb.d-nb.de abrufbar.

IMPRESSUM
Copyright: 2010 Norbert Braun
Herstellung und Verlag: **Books on Demand GmbH**
                          Norderstedt
ISBN: **9 783839 190883**

INHALT

EIN WORT IN EIGENER SACHE ...

Bereits vor ca. zwanzig Jahren zeichneten sich die Ereignisse ab, die heute Realität geworden sind.

Viele Menschen, die ich daraufhin ansprach, wollten es nicht wahrhaben und wischten meine, aus Erfahrung resultierenden Argumente vom Tisch.

Also wandte ich mich an die Bundesregierung, um meine asiatischen Erfahrungen deutschen Politikern zur Verfügung zu stellen. Vor allem bei den letzten beiden Bundeskanzlern bin ich auf Anklang und Interesse gestossen. Über zehn Jahre fand ein reger Gedankenaustausch statt.

Manche meiner Anregungen sind in die deutsche Politik eingeflossen. Zwischen der Einsicht eines Bundeskanzlers und der Umsetzung durch unsere Bürokratie klafft jedoch eine erhebliche Lücke. Bei uns fehlt die totale Leistungsorientierung der asiatischen Systeme. Es ist heute schwieriger geworden, langfristig erstklassig zu bleiben.

VORWORT

Wir befinden uns zur Zeit in einer Phase globaler Veränderungen. Der weisse Mann und seine Überlegenheit wird durch die neue Macht der Asiaten ersetzt.

Wir erleben die allmähliche Götterdämmerung der vom Westen geschaffenen Industrie und Wirtschaftsordnung.

Der EU ist es nicht gelungen, von den Chinesen reservierte Industrieaktivitäten zu erhalten.

Die finanzielle und industrielle Überlegenheit Asiens setzt sich unaufhörlich durch und unterhöhlt bereits die Finanzbasis unseres Sozialsystems.

Das Wachstum des Bruttosozialprodukts ist keine geeignete Zielrichtung mehr.

In diesem Buch unternimmt der Autor den Versuch, Bruttosozial**GLÜCK** an die Stelle des Bruttosozialprodukts treten zu lassen. Das Streben nach Glück würde das Streben nach Wirtschaftswachstum ersetzen.

Mit dieser Einstellung würden die knapper werdenden Resourcen dieser Erde geschont, und die Menschen würden Glück als das Mass aller Dinge begreifen.

EINFÜHRUNG -

DAS BRUTTOSOZIALPRODUKT

HAT AUSGEDIENT

Das Wachstum des Bruttosozialprodukts hat ein ganzes Jahrhundert lang unser Leben bestimmt.

Das Wettrennen um die wirtschaftliche Beherrschung unseres Planeten beginnt der Westen zu verlieren.

China und Indien produzieren jedes Jahr eine Armee von Naturwissenschaftlern, Erfindern, Ingenieuren und Produkt-Entwicklern. Diese stürzen sich heute noch auf alle westlichen Neuentwicklungen und Erfindungen, um die Fortentwicklungen voranzutreiben.

Die chinesische Regierung besteht fast ausschließlich aus Naturwissenschaftlern. In den westlichen Regierungen überwiegen Rechtsanwälte. Sie haben in der Politik ein neues, interessantes Betätigungsfeld entdeckt.

Diese Personalauswahl kann natürlich gegenüber Regierungen, die aus Technologen bestehen, kein Gegengewicht bilden. Sie haben einfach nicht die Ausbildung, um Visionen zu planen und zu realisieren. Sie spielen bereits heute die Rolle des Dornröschens und haben sich für eine lange Ruhepause entschieden.

Die Energien sind sehr oft auf Selbstbereicherung um jeden Preis gerichtet, damit man dem berechenbaren Schicksal der Bevölkerung entkommen kann.

Hinzu kommt bei den Asiaten die häufige Nutzung aller 168 wöchentlichen Arbeitsstunden für die Entwicklungsabteilungen.

Mittel- und langfristig führt dies dazu, dass die asiatischen Industrienationen ihre frühere Vormachtstellung wiedererlangen werden.

China hat sich die Rohstoffresourcen zu Wasser und zu Land in vielen Teilen der Welt gesichert. Der Westen hat die Dritte-Welt-Staaten vernachlässigt und deren Bodenschatzrechten zur See und zu Land keine Beachtung geschenkt. China wird die Resourcen an den Rohstoffen dieser Welt bald ebenso kontrollieren wie die Südafrikaner den Welthandel von Diamanten kontrolliert haben.

Der Westen hat keine Vorsorge getroffen, um an der Wachstumsjagd des Bruttosozialprodukts mittel- und langfristig weiter teilnehmen zu können. Wir müssen alternative Horizonte schaffen.

Das Bruttosozialprodukt hat ausgedient.

Die Alternative heisst:

BruttosozialGLÜCK

BRUTTOSOZIALGLÜCK -

WAS IST DAS ?

Die vielleicht wichtigste und nobelste Aufgabe unserer Gesellschaft ist, das Glück der Unterprivilegierten und Opfer des Raubtier-Kapitalismus zu verbessern.

In der heutigen Welt ist die Verfügbarkeit von interessanten und erfüllenden Arbeitsplätzen sicherlich der wichtigste Beitrag zum Bruttosozialglück.

Die asiatische wirtschaftliche Expansion führt zur Auszehrung unserer Systeme. Sinnvolle Arbeit wird zum wertvollen Gut.

Die Schaffung von Produkten zur Lebensverbesserung, künstlerischem Schaffen, die Erhaltung und Bewahrung der Natur, Nahrungserzeugung und die Erhaltung der Gesundheit können Zufriedenheit mit der Arbeitsaufgabe und menschliche Würde verleihen.

Der Schutz der menschlichen Würde muss eine wichtige Säule einer Ordnung werden, in der das Bruttosozialglück im Vordergrund steht.

Das Recht auf eine Arbeit, die Zufriedenheit vermittelt, ist das Rückgrat des menschlichen Strebens nach Würde. Die menschliche Würde muss Priorität vor den Instinkten und dem Streben des Raubtierkapitalismus haben.

Ich habe in Südchina und Korea erlebt, dass viele Automationsmöglichkeiten nicht eingesetzt werden, um Arbeitsplätze zu erhalten. Von den vielen europäischen Herstellern, die gnadenlos jeden Arbeitsplatz wegrationalisieren, wurde mit Verachtung gesprochen. Die Vorstellung, Mitarbeiter auf Kosten der Sozialkassen zu entsorgen, löste Entrüstung aus.

Der effiziente Einsatz des Internet-Marketing auf internationaler Ebene kann Schritt für Schritt eine globale Marktpräsenz schaffen.

Gleichzeitig können systematisch Hartwährungsbestände aufgebaut werden.

Bei der Beschaffung und beim Bau von Wohnraum müssen chinesische und indische Preise erzielt werden. China und Indien werden auch in Europa Mass-Stäbe setzen.

Dies erfordert den Bau ganzer Stadtviertel oder Ortschaften und eine sehr präzise Planung, um Preise zu erreichen, die bei fallender Kaufkraft bezahlbar sind.

Die Verfügbarkeit von Wohnraum zu asiatischen Preisen ist wahrscheinlich der Schlüsselfaktor eines würdigen Lebens bei fallender Kaufkraft.

Die Komplementärwirtschaft (CE = complimentary economy) hat die Chance, eine ganze Industrie aufzubauen, welche sich auf asiatisches Preisniveau einstellt.

DIE ZIELE

DES

BRUTTOSOZIALGLÜCKS

Glück hat viele Nuancen und Facetten. Jeder empfindet Glück in einer anderen Form.

Folgende Punkte tragen zur Zufriedenheit und zum Glück eines Individuums bei:

- Ein interessanter Beruf oder Job, der die Potentiale der Persönlichkeit mobilisiert. Er schafft tiefe Zufriedenheit.

- Persönliche Würde und Anerkennung in der Umgebung des Individuums.

- Die Freude über Gesundheit und Fitness, sogar in sehr hohem Alter.

- Jobsicherheit und zuverlässige Einnahmequellen, solange es die geistigen und körperlichen Kräfte erlauben.

- Eine zuverlässige Rente für die Zeit danach.

- Freude an den zahllosen Köstlichkeiten, die die vielen Küchen der Erde zu bieten haben.

- Förderung von intellektuellen Fähigkeiten und Aktivitäten.

- Sensibilisierung der Bevölkerung, Familien zu gründen und sich an einem glücklichen Familienleben zu erfreuen.

- Förderung der Kommunikation zwischen unterschiedlichen Bevölkerungsgruppen.

- Förderung der Kommunikation mit Menschen anderer Kulturen und anderen spirituellen Einstellungen, um das Leben zu bereichern.

-   Entwicklung des Interesses an den vielen Kulturen und Zivilisationen unserer Erde und die Nutzung von ausgesuchten Elementen derselben.

-   Pflege und Erhalt von Kunstwerken, Kultur und Zivilisation.

-   Förderung der Kommunikation und des Verständnisses mit anderen Lebensformen, die unsere Erde bevölkern.

-   Schaffen von Lebenschancen und Lebenserhalt für andere Lebensformen.

Glück wird nicht erlangt durch den Kauf eines attraktiveren PKWs als ihn der Nachbar besitzt oder durch den Erwerb von eindrucksvollen Möbeln.

**Wir müssen neue Wege zum Glück entwickeln,
um die schwindenden Resourcen unserer Erde zu schützen.**

1   LEBENSQUALITÄT FÜR ALLE

Die Komplementärwirtschaft (CE) hat die Chance, ihren Teilnehmern eine erheblich höhere Lebensqualität zu bieten als die Erste Wirtschaft.

Arbeitsstellen in grossen Fabriken nehmen in Asien rasch zu. In den westlichen Industriestaaten wird die Verlagerung nach Asien zunehmend spürbar.

Eine CE wird Jobs im Lande lassen und wird niemals Arbeitsstellen nach China transferieren, um die Mega-Profitinstinkte einer Handvoll superreicher Erben zu befriedigen. Menschlichkeit wird oberstes Gebot sein.

Menschlichkeit wird die Alternative zum Raubtierkapitalismus werden müssen.

Die CE wird wahrscheinlich sehr früh mit den dynamischen asiatischen Wirtschaftssystemen in Mitbewerb treten müssen. Dieser Wettstreit erfordert eine beachtliche Kreativität und den Willen, sich gegen sehr starke asiatische Hersteller durchzusetzen.

Es muss ein täglicher Kampf stattfinden, in dem eine überragende geistige Wendigkeit, Weitsicht und Cleverness unter Beweis gestellt werden müssen.

Dieser ewige Wettstreit wird die Evolution stark beschleunigen.

Die Herausforderung, sich global gegen asiatische Wirtschaftssysteme durchsetzen zu müssen, wird die intellektuellen Fähigkeiten aller Teilnehmer einer CE zur Blüte bringen.

Jedermann muss sich als Mitglied einer Fortbildungsgesellschaft verstehen und stets mit intellektueller Neugierde neuen Horizonten begegnen.

Diese Notwendigkeit wird die Lebensqualität mehr als andere Faktoren verbessern.

Wir erreichen einen Punkt in der wirtschaftlichen Entwicklung, an dem viele industrielle Dinosaurier allmählich ihren Niedergang erleben müssen.

Die hochaktiven und hochflexiblen "kleinen Sänger" der CE werden gezwungen sein, allmählich diese Lücke zu füllen, um das Überleben zu sichern.

2 NAHRUNG - EIN WERTVOLLES KULTURGUT

In einigen Ländern, zum Beispiel in China, hat die Freude am Essen einen Religionsstatus.

Frankreich hat eine ähnliche Geisteshaltung.

Die vielen Regionen der Erde haben eine ungeheure Vielfalt an wohlschmeckenden Gerichten hervorgebracht. Die intelligente, sorgfältige Zusammensetzung einer persönlichen Auswahl kann die Lebensqualität verbessern, die Lebenserwartung erhöhen und das Krankheitsrisiko vermindern.

Die Verbreitung von erlesenen Speisen der vielen regionalen Küchen schafft Geschäftsnischen für unzählige kleine Spezialisten. Sie kann viele interessante Arbeitsplätze schaffen und vielen Mitbürgern die menschliche Würde zurückgeben.

China gibt den erlesenen Speisen der vielen chinesischen Regionen einen religiösen Status. Man ist sich der Bedeutung der Nahrung sehr bewusst. Durch politisches Management haben 60 Millionen Chinesen aus Nahrungsmangel den Tod gefunden. Die Körper älterer Menschen weisen immer noch die Spuren einer langen Periode des Nahrungsmangels auf.

Ein grosser Tisch, gefüllt mit vielen Schälchen voller Köstlichkeiten, ist oft das Kernstück der Wochenendfreuden. Die Mitglieder einer Grossfamilie oder Freunde kommen zusammen, bereichern ihr Bewusstsein durch neue Impulse und Anregungen und erfreuen sich an den Delikatessen der chinesischen Küche.

Die Bewohner Chinas, Vietnams, Indochinas und Frankreichs haben es gelernt, aus preiswerten Zutaten mit Hilfe des Reichtums an Gewürzen und viel Kreativität Köstlichkeiten zu zaubern.

Es kann eine neue Industrie geschaffen werden, die unzählige leckere Gerichte zum Niedrigpreisniveau möglich macht.

Es gilt, Nahrungsmittel zu chinesischem Preisniveau verfügbar zu machen.

Unser heutiger Überfluss an Nahrungsmitteln kann bei fallender Kaufkraft in absehbarer Zeit zu einer Nostalgie-Erinnerung werden.

**Es gilt, die Herausforderungen von morgen
bereits heute zu lösen!**

3   NAHRUNGSWAHL UND LEBENSERWARTUNG

Die gesundheitsbewussten Chinesen haben stets bei allen Gerichten und Zutaten den Nutzen und die Auswirkungen auf ihre Organe und Gefäss-Systeme intensiv analysiert.

Eine Speise muss vor allem die Gesundheitsverbesserungen von Zellen und chemischen Prozessen etc. erzielen. Gesundheitlichen Risiken muss man aus dem Weg gehen und Gerichte aus dem Programm streichen, die zu solchen Risiken führen.

Diese Betrachtungsweise ist sehr nützlich. In der westlichen Betrachtungsweise hat sie oft keine Beachtung gefunden.

Manche Gerichte mögen ausgezeichnet schmecken und sind doch völlig ungesund. Der Preis, sein Leben mit verkalkten Blutgefässen oder Tumoren zu verkürzen, ist viel zu hoch.

Viele Speisen, die sich einer hohen Wertschätzung erfreuen, entstammen Jahrhunderten, in denen man froh war, das 40. Lebensjahr zu erreichen. Die Lebenserwartung im Römischen Reich lag unter 40 Jahren.

Mit den heutigen Lebensbedingungen und dem heutigen Wissen können 100 Jahre erreicht werden. Dies erfordert ein gesundheits-bewusstes Nahrungsmanagement.

An vielen ungesunden, wohlschmeckenden Gerichten darf man sich nur selten erfreuen. Die vielen nationalen und regionalen Küchen des Globalen Dorfes bieten eine ungeheure Vielfalt an Alternativen.

Sie werden Ihre Nahrungsvielfalt bereichern und Ihre Freude an der täglichen Nahrungsaufnahme vergrössern. Die konservative Einstellung muss aufgegeben werden, und die häufig ungesunden

Bräuche der Vorfahren dürfen oft nicht fortgesetzt werden.

Sie wenden grosse Sorgfalt auf, den Motor Ihres Wagens mit dem richtigen Öl und dem richtigen Treibstoff zu versorgen. Die subtilen, komplexen chemischen Prozesse in Ihrem Körper erfordern eine noch viel grössere Sorgfalt in der Auswahl der richtigen Nahrungsmittel.

Es zahlt sich aus, wenn Sie eine Auswahl Ihrer einhundert Lieblingsgerichte treffen und die Auswirkungen auf die chemischen, zellularen und Blutgefässe-Abläufe analysieren.

Mit Ihren mentalen und Autosuggestions-Möglichkeiten können Sie die Abläufe in Ihrem Körper unterstützen und somit positiv auf Ihr Wohlergehen einwirken.

**Die Gesundheitspflege bis zu einem hohen Alter
ist für eine CE von Schlüsselbedeutung.**

4 VERBESSERTE GESUNDHEIT DURCH ASIATISCHE GESUNDHEITSPLEGE

Asien ist unendlich reich an Wegen und Traditionen, die die Gesundheit auf natürlichem Wege hegen und unterstützen. Die Vielfalt beginnt mit **A**yurveda und endet mit **Z**en.

Jeder muss seine eigene Auswahl gemäß seinen Interessen und Neigungen treffen.

Die Verbesserung der mentalen und spirituellen Stärke und des Immunsystems sind wichtige Zielsetzungen zur Lebensverlängerung.

Dies sind Kernpunkte, um medizinische Kosten zu minimieren und die Fähigkeit zu stärken, noch im hohen Alter mental und physisch arbeitsfähig zu sein. Die Anzahl der Menschen, die aus physischen und mentalen Gründen arbeitsunfähig ist, muss auf ein Minimum reduziert werden.

Die CE muss eine breite Vielfalt an Programmen anbieten, die asiatische Gesundheits- und Langlebigkeitsstrategien fördern.

TV, PC und Lehrgänge können mit einer Vielzahl von Programmen die physische Lebensqualität verbessern.

Die systematische Entwicklung der physischen und mentalen Stärke ist ein Schlüsselfaktor für den langfristigen Erfolg einer CE.

Die Förderung der öffentlichen Gesundheit ist extrem wichtig für das finanzielle Wohlergehen einer CE. Deshalb müssen sanfter Druck und eine sanfte Kontrolle ausgeübt werden, um sicherzustellen, dass jeder innerhalb seiner Interessen teilnimmt.

Die Wirtschaftsentwicklung wird es nicht erlauben, dass wichtige Teile der Bevölkerung in ein Pflegeheim-Nirvana abgleiten.

Die Evolution des globalen Wettbewerbs erfordert eine permanente Fortentwicklung und Pflege der mentalen und physischen Fähigkeiten.

Die persönliche und gemeinschaftliche Wettbewerbsfähigkeit muss fortwährend verbessert werden.

5   MENTALE UND PHYSISCHE FITNESS

Das Fehlen eines interessanten Jobs oder einer interessanten Aufgabe ruft bei reiferen Bürgern eine Beschleunigung des Verfalls der mentalen und physischen Kräfte hervor.

Verstand und Körper müssen durch interessante Aufgaben täglich gefordert werden.

Durch die Pflege der geistigen und physischen Fitness lassen sich die sozialen Kosten einer CE-Gemeinschaft dramatisch senken.

Die Teilnehmer einer CE müssen ausgebildet und ermutigt werden, ihr eigenes Fitness-Programm zu organisieren.

Für Personen, die eine weniger aktive, kreative Persönlichkeit haben, ist die Integration in Team-Arbeit und Team-Aktivitäten wichtig.

Fitness und Arbeitsfähigkeit der Seniorenbevölkerung ist ein ausserordentlich wertvolles Gut, das sorgfältig gehegt und gepflegt werden muss.

Die Seniorenbevölkerung verfügt über einen ungeheuren Reichtum an Erfahrung, der mit intelligenten Programmen aktiviert und Beschäftigungsmöglichkeiten zugeführt werden muss.

Die Aktivierung und Mobilisierung der Kreativität, des Enthusiasmus und der Arbeitsdisziplin kann für eine CE den Unterschied zwischen wirtschaftlichem Aufstieg oder Niedergang bedeuten.

Langlebigkeit sowie geistige und physische Fitness bis zu einer Lebenserwartung von 100 Jahren muss den Abbau und Verfall ersetzen. Hierzu müssen frühzeitig die Weichen gestellt werden.

Eine CE wird es leichter haben, das Fitness-Niveau der Senioren-Bevölkerung zu beeinflussen als die Erste Wirtschaft.

Es mag sinnvoll sein, einen sanften Druck auf die inaktiven Personen auszuüben. Wanderungen und Fahrradtouren in schöner Landschaft verbessern sicher die Sauerstoff-Versorgung der Zellen und sollten sanft durchgesetzt werden.

Wir müssen uns daran erinnern, dass viele der grossen Werke der Menschheit von Senioren realisiert wurden. Michelangelo, Goethe oder Leonardo da Vinci waren keine Jünglinge, als sie ihre bedeutendsten Werke schufen.

Es wäre eine sinnlose Verschwendung von wertvollem Humankapital, wenn man die Kreativität und die Fähigkeiten der Seniorenbevölkerung nicht nutzen würde.

"Die Rente ist sicher"
ist mit Sicherheit eine verantwortungslose Sprechblase.

6 FÖRDERUNG VON INTELLEKTUELLEN FÄHIGKEITEN UND AKTIVITÄTEN

Eine CE muss viele Jobs für eine Seniorenbevölkerung zur Verfügung stellen.

Eine der wichtigsten Zielsetzungen muss sein, das Absinken in ein Nirwana ohne Verantwortung zu verhindern. Die sozialen Geldmittel werden ein lebenslanges Training und Pflege der geistigen Fähigkeiten unabdingbar machen.

Der Geist muss wie ein Muskel intensiv beansprucht werden. Er sollte auch bei Senioren der aktivste Teil des Körpers sein.

Intensive Gehirntätigkeit ist ein Schlüsselwort für die Selbst-Darstellung und die Persönlichkeits-Präsentation.

Jedermann sollte an intellektuellen Tätigkeiten seiner Wahl teilnehmen, um einem Demenz-Nirwana rechtzeitig vorzubeugen.

Dies kann per e-Learning oder Präsenzfortbildung erfolgen.

Die Arbeitsfähigkeit einer jeden Person muss erhalten und vielleicht sogar verbessert werden. Jeder muss sein Überleben, auch bei temporären Renten-Auszeiten, sichern.

Die Vernachlässigung mentaler Aktivitäten hat gewaltige Folge-kosten, die übermorgen vielleicht nicht mehr verfügbar sein werden.

Zivilisierte europäische Staaten haben Milliarden in den Aufbau neuer Industrien gesteckt und dem Sozialsystem temporär entzogen.

Einige meiner Freunde haben diese Neuordnung der Prioritäten mit dem Leben bezahlen müssen.

Es ist sicher möglich bei Personen, die viele Jahre ihr Gehirn kaum genutzt haben, dieses wieder zu reaktivieren. Das dürfte jedoch sehr mühsam sein.

Eine vernünftige Lösung wäre es, 50 % der Mühe auf das Erlernen neuer Fähigkeiten und die Erweiterung des beruflichen Wissens zu lenken. Die anderen 50 % sollten eingesetzt werden für intellektuelle Aktivitäten, die die Lebensqualität verbessern und den Horizont erweitern.

Das fortwährende Eröffnen neuer Horizonte und die Aufrechterhaltung des lebenslangen Lernens sind wichtige Grundlagen des Bruttosozialglücks.

Es mag notwendig sein, mitunter freundlichen, sanften Druck auszuüben bei Senioren mit Neigung zur Bequemlichkeit. Diese werden aber am Ende dankbar sein, wenn die Grundlage für die wirtschaftliche Existenz gehegt und gepflegt wird.

7   TALENTFÖRDERUNG IM KINDESALTER

Die wichtigsten Resourcen, über die eine CE verfügt, sind Kreativität. Talent und Fleiss ihrer Teilnehmer.

Es ist sehr wichtig, mit der Talententwicklung der nächsten Generation schon sehr früh zu beginnen.

Das Potential von talentierten jungen Leuten sollte schon im Kindergarten-Alter erkannt und gefördert werden. Das frühe Schulalter ist eine zweite Chance.

Um die Talente junger Leute können Beschäftigungs-Nukleii aufgebaut werden. Dies bietet die Gelegenheit, mit der Produktion von Produktgruppen zu beginnen, die mit den Aktivitäten von besonderen Begabungen in Verbindung stehen.

Um Sporttalente kann eine kleine, aber feine Gesundheitsindustrie entstehen. Musiktalente könnten den Instrumentenbau anregen, eine Unterhaltungsindustrie zur Pflege und Erhaltung des musikalischen Kulturgutes kann entstehen.

Der systematische Aufbau von Kompetenzzentren sorgt für die Entstehung zahlreicher Nischenindustrien mit globalen Aktivitäten.

Eine solche Entwicklung ist sehr wichtig für die Schaffung von Jobs mit sehr langer Laufzeit.

Die Grundeinstellung muss sein, so viele wettbewerbsfähige Jobs wie möglich zu schaffen und diese zu erhalten.

In der Ersten Wirtschaft würden zahllose Jobs der Profitoptimierung zum Opfer fallen.

Nicht jeder kann ein Genie sein. Ähnlich wie in chinesischen Unternehmen müssen ausreichend Jobs für Teilnehmer mit normaler Intelligenz und normalen Talenten geschaffen werden.

Solche Aufgaben schaffen menschliche Würde und eine respektierte Identität in der persönlichen Umgebung. Dies ist eine sinnvolle Alternative zur Langzeitarbeitslosigkeit.

**Eine leistungsorientierte Menschlichkeit
muss vorherrschen.**

8 FÖRDERUNG GLÜCKLICHER FAMILIEN

Männer und Frauen erfreuen sich einer sehr viel höheren Lebensqualität, wenn sie den richtigen Lebenspartner an ihrer Seite haben, der oder die ihr Leben mit ihnen teilt.

Es ist schwierig, wirklich glückliche Gesichter unter Alleinlebenden zu entdecken. Der häufige Partnerwechsel und One-Night-Stands führen zu keinem tiefen seelischen Glück und Zufriedenheit.

Die Verantwortung für eine Familie steigert die Motivation und schafft die Grundlage für überdurchschnittliche Erfolge.

Bei fortschreitendem Alter wird es sehr schwierig, geeignete Partner zu finden. Eine lange Phase der Frustration ist wahrscheinlich. Die Lebensqualität wird dramatisch reduziert.

In einer CE ist jeder Mitglied einer Gruppe mit ähnlichen oder kompatiblen Interessen. Wenn eine Gruppe feststellt, dass ein Mitglied Schwierigkeiten hat, einen geeigneten Ehepartner zu finden, so ist eine helfende Hand sinnvoll. Diese Fürsorge ist der chinesischen Gesellschaft gut bekommen.

Es gilt, die Kontakte der Mitglieder außerhalb der Gruppe zu nutzen und geeignete Ehepartner miteinander bekannt zu machen. Dies muss so lange wiederholt werden, bis sich der Erfolg einstellt.

Das Glück der tiefen Liebe zu seinem Partner und die Zufriedenheit und Lebensqualität, die ihren Ursprung in dieser glücklichen Verbindung hat, sollte als ein Lebensrecht eines jeden CE-Mitglieds betrachtet werden.

Die Förderung glücklicher Ehen ist eine wichtige Grundlage für eine Gesellschaft, die die Förderung des Glücks auf ihre Fahnen geschrieben hat.

Die Weisheit erfahrener Mitglieder der Gruppe sollte Ehen verhindern, die keine Chance auf eine lange Laufzeit haben.

Diese Förderung des Glücks ist sicher von weitreichender Bedeutung.

9 SCHAFFUNG VON WOHNRAUM ZU BEZAHLBAREN PREISEN

Eine CE muss Wohnraum zum chinesischen und indischen Preisniveau zur Verfügung stellen.

Diese Preise sind auch im Westen erzielbar. Es muss systematisch über einen längeren Zeitraum darauf hingearbeitet werden.

In Deutschland hat der Beginn eines neuen Wirtschaftslebens nach dem Zweiten Weltkrieg mit dem Wegräumen der Trümmer und dem Wiederaufbau der Städte begonnen.

Dies ist ein sehr effizienter Weg, um viele Arbeitsplätze zu schaffen und eine neue Wirtschaft in grösseren Dimensionen zu beginnen.

Wohnungen in grösserem Umfang können die Baukosten dramatisch reduzieren.

Der Wiederaufbau deutscher Städte beweist, dass es möglich ist, ganze Städte mit hoch motivierten, berufsfremden Mitarbeitern zu bauen.

Die organisierte Verbreitung von professionellem Know-How ist natürlich von grossem Vorteil.

Unser Wirtschaftssystem ist ursprünglich sozial gewesen. Die Reichen und Superreichen haben dies in eine Wirtschaftsordnung von Reichen und Superreichen für Reiche und Superreiche umgewandelt.

In unserem Wirtschaftssystem, das von vielen Seiten unter Druck gesetzt wird, sind 10 % der Gesellschaft bemüht, die Lebensqualität von gestern für ihre privilegierte Kaste zu erhalten.

Die anderen 90 % der Gesellschaft können eigentlich nur auf sich selbst vertrauen und müssen neue Wege zu einer hohen Lebensqualität suchen und entwickeln.

Unser Währungssystem hat idealerweise Gold oder Hartwährungen als Basis.

Die Menschen, die eine CE aufbauen, um Arbeitsplätze zu schaffen, haben vor allem ihre Arbeitskraft vorzuweisen.

Der Wert der Arbeitskraft ist eine noble Alternative zu Gold. Durch die Herausgabe von Gutscheinen, die den Wert der Arbeit als Grundlage haben, kann dem Wert Arbeitskraft Kaufkraft verliehen werden für all die vielen Menschen, die der Industrieabwanderung und der Wegrationalisierung zum Opfer gefallen sind. Ihre Arbeitskraft und ihre Schaffensenergie ist das wertvollste Gut, das sie zur Verfügung haben.

Die Schweiz, Brasilien, Argentinien und Bangla Desh haben gut funktionierende Systeme der Selbsthilfe vorzuweisen. Diese Selbsthilfesysteme unterprivilegierter Regionen bestehen schon recht lange und sind mittlerweile fest etabliert.

In unserer Gesellschaft wird der Status eines Individuums durch seine Arbeit und seine berufliche Tätigkeit bestimmt. Wenn diese wegrationalisiert oder wegtransferiert werden, so wird das Selbstwertgefühl des Individuums stark beschädigt oder gar zerstört.

Viele tüchtige und fähige Mitarbeiter werden Opfer der Geldgier von Investoren und Erben. Sie fallen nach ihrer Wegrationalisierung in tiefe Depression und täuschen weiterhin vor, morgens ihren Arbeitsplatz aufzusuchen, weil sie ihrem Lebensumfeld die Schmach ihrer Entlassung nicht eingestehen möchten. Manche entscheiden sich für ein Ende der Schmach auf der Schiene eines ICE oder einer U-Bahn.

Ich war selbst Zeuge, als der Direktor einer Marketing-Abteilung am Tag nach seiner Einsparung seinem Leben im Strassenverkehr ein Ende setzte. Er suchte einen Zusammenstoss mit einem Lastzug.

Das wichtigste Ziel einer menschenwürdigen Gesellschaft muss es sein, arbeitsfähige Menschen nach dem Vorbild der Inkas bis zum hohen Alter in das Arbeitsleben zu integrieren.

Auf diese Weise können die Sozialausgaben einer Überfluss-Gesellschaft den sparsameren Mitteln einer Glück-orientierten Gesellschaft angepasst werden.

Der Instinkt des Geldhortens von Milliarden und Billionen stürzt Millionen Menschen in Not und Verzweiflung. Menschenwürde muss an die Stelle treten.

Für unser westliches Lebensgefühl spielt das Zuhause eine Schlüsselrolle.

Die Wirtschaftsentwicklung erfordert Preise auf asiatischem Niveau. In vielen westlichen Gesellschaften sind Preise oft aufgebläht und viel zu hoch. Löhne und Gehälter müssen dramatisch erhöht werden, um die aufgeblähten Wohnungspreise bezahlbar zu machen.

Bei Wohnraum zu asiatischen Preisen können Mitarbeiter recht gut leben. Die gesamte Industriegesellschaft wird gegen die asiatische Übermacht wettbewerbsfähig.

Der Bau ganzer Industriestädte nach asiatischem Vorbild ist ein ausgezeichneter Weg, asiatische Preise zu erzielen. Darüberhinaus können neue Industrien auf eine Region konzentriert werden. Durch den regen Informationsaustausch kann die Evolution beschleunigt werden.

Der Bau ganzer Ortschaften nach asiatischen Richtlinien ist ein vorzüglicher Weg, um in einer Region Vollbeschäftigung zu erzielen.

Die CE sollte für einen längeren Zeitraum steuerfrei sein oder zumindest nur geringe Steuersätze haben.

Sie schafft Plattformen für die Unglücklichen, die den Veränderungen des Arbeitsmarktes zum Opfer gefallen sind. Sie würden in einer Wirtschaft mit sinkenden Einkommen und sinkenden Beschäftigungsmöglichkeiten in der Ersten Wirtschaft kaum noch eine würdige Arbeit finden.

Durch das Schaffen von Arbeit für dieses wachsende Bevölkerungs-Segment entlastet die CE die Sozialkassen und reduziert entscheidend die wirtschaftlich motivierte Selbstmordrate.

In der deutschen Boomwirtschaft beim Aufbau der Trümmerstädte haben Fachleute über 70 Jahre grossartige Arbeit geleistet. Sie fanden sehr würdevolle Aufgaben im Aufbau der deutschen Städte und Industrien. Sie schufen die Grundlage zum deutschen Wirtschaftswunder und zur Entwicklung Deutschlands zum europäischen Industriemotor.

Diese ausserordentliche Herausforderung liess keinen körperlichen Verfall zu. Die mentale und physische Fitness wurde enorm gestärkt.

10 VERLÄSSLICHE RENTEN NACH DEM ARBEITS-LEBEN

Die Übernahme des Inka-Renteneintrittsalters mit 80 Jahren würde Renten sicher und bezahlbar machen.

Deutschland hat diese Arbeitsreserven nach den ungeheuren Menschenverlusten des Zweiten Weltkriegs sehr erfolgreich genutzt. Beim Wiederaufbau der deutschen Städte haben sie Erstaunliches geleistet. Viele junge Menschen würden heute zu solchen Leistungen nicht mehr fähig sein. Die Belastungen und Herausforderungen des Krieges haben den wirklichen Alterungsprozess auf 80 Jahre verschoben.

Ähnliche Bedingungen müssen heute nachvollzogen werden. Eine Inka-Lösung oder deutsche Nachkriegslösung schafft Rentenstabilität in einer Phase des allmählichen wirtschaftlichen Niedergangs. Die westlichen Nationen werden eine solche Rentenkultur stets einlösen können.

Der Westen leidet darunter, dass wichtige Finanzströme heute vorbeiziehen. Der Niedergang in Teilen der westlichen Welt wird durch den Boom bei den neuen Wirtschaftsriesen ausgeglichen.

Weitere Nationen werden dem Boom-Club China, Indien und Brasilien später beitreten.

Eine CE muss sich zum Ziel setzen, mindestens ein Drittel ihres Einkommens zu erwirtschaften. Es sollte die fortwährende Bemühung bestehen, diesen Anteil auf ½ zu erhöhen.

China, Japan und Indien haben in ihrer frühen Phase ihre wirtschaftlichen Aktivitäten nach dem Bedarf des Westens ausgerichtet.

Der Westen muss nun einen wachsenden Teil seiner Wirtschaftsaktivitäten nach den Boom-Märkten ausrichten und dort erfolgreich sein. Wir müssen die Trends und Bedürfnisse in den vielen Regionen der Boom-Länder besser verstehen als die einheimischen Fachleute.

Japaner haben bewiesen, dass dies bei entsprechender Motivation möglich ist.

Der Anpassungs- und Eingliederungsprozess in die Wirtschaftssysteme von Boom-Nationen - die eigentlich Kontinente oder Subkontinente sind - schafft zahllose neue Arbeitsplätze.

Die Seniorengeneration sollte hier voll integriert werden. Hier gibt es unzählige echte Herausforderungen, die die mentalen Fähigkeiten erhalten und verbessern.

Die Medien verkünden den Rückzug aus der globalen Welt mit ihren Herausforderungen, die unser vertrautes Leben völlig verändern. Die Rückbesinnung auf die Geborgenheit der örtlichen Gemeinschaft wird als Lösung verkauft.

Dies ist sicher ein schönes Märchen. Die Realität zwingt uns jedoch, den Geldströmen zu folgen mit all ihren Herausforderungen an Intelligenz und Kreativität.

Die Kirchenbücher des Zeitalters dörflicher Geborgenheit zeugen davon, dass der Tod durch Auszehrung oder Unterernährung der ständige Begleiter war.

Der sinnvollste Weg ist, einen festen Platz in den neu geordneten Finanzströmen zu erarbeiten.

Die Asiaten setzen Mass-Stäbe für den hohen Standard solcher Aktivitäten.

Eine sehr professionelle Ausbildung und der Aufbau von Strukturen sowie eine Atmosphäre von professioneller Freundlichkeit und Kunden-Orientierung sind wichtige Pfeiler des Erfolgs.

Die Zielsetzung muss sein, solide Operationsbasen in einer sich schnell verändernden Welt aufzubauen.

Während der frühen Aufbauphase ist sicher eine Aktivitätsaufteilung von jeweils einem Drittel zwischen Region, Nation und Boom-Märkten sinnvoll.

11   DAS INKA-SYSTEM - DIE RENTE AB 80 JAHRE

Die Inka haben bewiesen, dass jeder Mensch mit einer gesunden Lebensweise und reichlich Fitness-Bemühungen die Phase wirklicher Alterung auf 80 Jahre hinausschieben kann.

Anti-Ageing ist eines der bedeutendsten Felder wissenschaftlicher Aktivität geworden. Die Gesundheits- und Fitness-Bemühungen weiter Teile der Bevölkerung machen schon heute eine Pension mit 80 Jahren für den mental und physisch aktiveren Teil der Bevölkerung möglich.

Eine Rente ab 80 Jahren ist stets bezahlbar.

Wir müssen uns so aufstellen, dass wir nicht Opfer, sondern Profiteure von grossen wirtschaftlichen und Machtveränderungen werden, die sich abzeichnen.

Millionen möchten ihre bisherige Arbeit fortsetzen oder sind sofort bereit, eine interessante, herausfordernde Tätigkeit anzunehmen. Sie verabscheuen das herzlose Abschieben in die Rente. Die bisherige Berufsaktivität verschaffte einen geachteten Gesellschaftsstatus und ein Selbstwertgefühl.

Die Vernichtung dieses Selbstwertgefühls und des sozialen Status durch die vorzeitige Abschiebung in die Rente beschleunigen den mentalen und körperlichen Abstieg einer wertvollen Person. Die Lebenserwartung wird oft dramatisch reduziert.

Die schrittweise Einführung einer Arbeits- und Aktivitätsphase nach Inka-Vorbild würde die Finanzprobleme der Rentenzahlung lösen.

Gesellschaft und Wirtschaft müssen enorme Anstrengungen unternehmen, um Ersatz zu schaffen für die Millionen Jobs, die an die asiatische Industrie verloren gingen und der Automatisierung zum Opfer fielen.

Unsere Anstrengungen dürfen nicht geringer sein als die der Asiaten.

Die Probleme der Arbeitslosigkeit können gleichzeitig gelöst werden.

Die privilegierte Schicht der Reichen und Superreichen strebt es an und erreicht Renditen von bis zu 25 %.

Die Lösung der Probleme der Rentner und Arbeitslosen ist kaum rentabel und wirft nur ärmliche Renditen ab.

**Nur CE-Aktivitäten
können die Lösungen gestalten und verhindern,
dass wertvolle Menschen unter die Räder kommen.**

12 LEBENSQUALITÄT IM DRITTEN LEBENSALTER

Der Raubtierkapitalismus hat oft wertvolle, hart arbeitende und ehrliche Menschen wie Müll entsorgt.

Ich habe selbst erlebt, dass fähige Manager über die kalte, unmenschliche Handhabung ihres Schicksals tief schockiert waren.

Die menschlich unwürdige Entsorgung durch das Top Management zerstörte Würde und Selbstwertgefühl und den sozialen Status im persönlichen Umfeld. Die Betroffenen entschlossen sich, ihr Leben zu beenden.

Den wichtigsten Beitrag, den eine CE leisten kann, ist das Leistungs-orientierte, menschliche, mitfühlende und warmherzige Management der Talente der Teilnehmer.

Die fortwährende Schaffung von Arbeitsaufgaben für Bürger im Dritten Lebensalter ist eine wichtige Schlüsselaufgabe, die geleistet werden muss.

Eine CE muss den Menschen und Mitarbeiter in den Mittelpunkt stellen. Arbeitsaufgaben müssen gestaltet werden für Menschen, die im Raubtierkapitalismus völlig chancenlos wären.

Es muss eine Verpflichtung geschaffen werden, einen Teil der Aufgaben für Menschen des Dritten Lebensalters zu reservieren. Globales Internet-Marketing ist ein weites Feld, in dem unzählige Senioren sehr interessante und herausfordernde Aufgaben finden können.

Diese Tätigkeit erfordert eine überdurchschnittliche geistige Beweglichkeit, welche die mentalen Fähigkeiten weiterentwickelt.

Der notwendige lebenslange Lernprozess erhöht die Lebensqualität und schafft Menschenwürde für Senioren.

Senioren, denen manuelle Aufgaben mehr Freude bereiten, können in der Produktion von Erzeugnissen wichtige Aufgaben übernehmen.

Die Internet-Kollegen können hierfür neue Märkte entwickeln.

13   KOMMUNIKATION MIT ANDEREN KULTUREN

Die systematische Eroberung fast aller westlichen Industrien durch China und andere asiatische Nationen hat die Finanzströme dramatisch verändert. Geld begann in vielen westlichen Regionen knapp zu werden.

Eine CE muss sich völlig veränderten Wirtschaftssituationen und -entwicklungen anpassen.

Der verbleibende schrumpfende Flickenteppich von Inseln in einer allmählich versinkenden Wohlstandswelt muss geschäftlich sorgfältig entwickelt werden. Die gründliche Nutzung des Geschäftspotentials einer jeden Region mit vielversprechender wirtschaftlicher Stärke wird zu einer Lebensnotwendigkeit.

Zur Meisterung dieser Entwicklung müssen die Teilnehmer einer CE über die Grenzen ihrer unmittelbaren Region hinausschauen.

Die intensive Beschäftigung mit Kulturen und Zivilisationen von interessanten Zielmärkten schafft die Grundlage des tiefen Verständnisses.

Dies ist eine wichtige Voraussetzung, um Bestseller für andere Nationen und Regionen zu schaffen.

Die intensive Beschäftigung mit anderen Kulturen schafft ein komplexeres Geistes- und Gefühlsleben. Dies ist ein wichtiger Wettbewerbsvorteil.

Es sollten Zielmärkte ausgesucht werden, an deren Kultur und Zivilisation ein tiefes Interesse besteht.

Das Lesen von Literatur wird Ihnen Schritt für Schritt die Seele des Zielmarktes eröffnen und ein tiefes Verständnis schaffen.

Eine CE-Bevölkerung zu lehren und zu erziehen, das Geschäftspotential in erfolgreichen Regionen per Internet zu nutzen, ist eine wertvolle Alternative zur Auswanderung mit all ihren Frustrationen.

Die intensive Nutzung des Potentials der nahen und fernen Wohlstandsregionen kann die Notwendigkeit, in der Ferne einen Arbeitsplatz zu suchen, reduzieren.

Das Arbeiten in der Ferne mag die Präsenz im eigenen Heim oft unmöglich machen oder auf wenige Tage reduzieren.

14 HÖHERE LEBENSQUALITÄT DURCH AUSWAHL VON ELEMENTEN AUS ANDEREN KULTUREN

Die Integration von kulturellen Leistungen, Weisheit, Meditation und Spiritualität anderer Kulturen und Zivilisationen bereichert das Leben und erhöht die Lebensqualität. Dies ist ein ewiger Born der Freude, der für jedermann finanziell zugänglich ist.

Die römische Zivilisation hat die griechische Kultur absorbiert. Die griechische Zivilisation hat intensiv von der babylonischen Kultur geborgt. Die chinesische Zivilisation hat die japanische Kultur ungeheuer bereichert.

Diese Beispiele zeigen, dass es sehr sinnvoll ist, seine eigene Lebensqualität zu veredeln, indem man interessante Elemente von anderen Kulturen übernimmt.

Die boomenden Nationen werden sich an vielen Dingen erfreuen, die ihr Herz beglücken.

Wir müssen uns mit hoher Wahrscheinlichkeit von den teureren Formen der Freizeitgestaltung allmählich verabschieden. Alternativen müssen an die Stelle zu teuer gewordener Freizeitfreuden treten.

Die globalen Kulturen bieten Tausende von sehr interessanten Freizeitaktivitäten an. Viele darunter sind kostengünstig, und jedermann kann sie sich leisten.

Gleichzeitig können viele Jobs geschaffen werden in der Promotion und im Lehren und Überwachen dieser Aktivitäten. Diese Jobs sind oft interessanter als die früheren Aktivitäten.

Mit diesen Schritten wird eine vielschichtigere, flexiblere Gesellschaft geschaffen.

Der ungezügelte Drang nach mehr Geld und die hemmungslose Geldsucht müssen in konstruktivere Bahnen gelenkt werden und einer Gesellschaft nützen, die mit den verfügbaren Resourcen behutsam umgehen muss.

In unserer Welt regiert immer noch zu häufig das Recht des Stärkeren. In den Wachstumsstaaten fördern Staatsorgane das Unrecht des finanziell Mächtigen. Der Mächtige finanziert ihren Lebensstandard.

Schutzlose werden häufig mit der Waffe bedroht oder erleben, dass ihr Haus abgerissen wird, während sie am Frühstückstisch sitzen.

Die Erhaltung der Flora und Fauna unseres Planeten kommt dabei unter die Räder.

Wer sich der Ausbeutungsgier der Mächtigen in den Weg stellt, riskiert Gefängnisstrafen, Arbeitslager oder gar sein Leben.

**Die CE sollte das Verantwortungsgefühl entwickeln,
die schwindenden Resourcen dieser Erde
sehr sorgsam zu verwalten.**

15 DIE ERHALTUNG VON KUNSTWERKEN UND KULTURDENKMÄLERN

Die westlichen Nationen haben eine ungeheure Vielfalt an Kultur und Zivilisation. Es ist sehr wichtig für zukünftige Generationen, diese Kulturgüter zu erhalten.

Dies ist ein natürliches Betätigungsfeld für eine CE.

Die Erhaltung kann erheblich kostengünstiger durchgeführt werden als durch die Erste Wirtschaft. Dies erlaubt einen erheblich grösseren Umfang der Kulturerbe-Pflege.

Die Internet-motivierte Wirtschaft erlaubt einen grösseren Aktionsradius und eine grössere Flexibilität als die Struktur, die auf Niederlassungen aufbaut.

Viele Gebäude könnten als anspruchsvolle Wohnungen und Geschäftsräume gestaltet werden.

Die Akzeptanz, anspruchsvollen Kulturbesitz als Gemeinschaftssitz von einer Anzahl Nutzer für eine festgelegte Periode zu bewirtschaften, muss erst noch erzeugt werden.

Die systematische Förderung von kulturellen Werten fördert den Tourismus.

Es muss ein Schwinden der Mobilität aufgrund schwindender Resourcen in Erwägung gezogen werden. Die Evolution von Benzin- zu Elektromotor-getriebenen Fahrzeugen mag bei uns länger dauern als erwartet.

Die Vermarktung von kulturellen Gegenständen und Werten schafft zahllose Job-intensive Aktivitäten.

Dies beginnt mit dem Schaffen und der Restaurierung von Kulturgegenständen bis zur Wiederbelebung von historischer und traditioneller Musik.

**Ein internationales Marketing-Bewusstsein
und dessen Aufbau ist sicher von grossem Wert.**

16   INFORMATIONSAUSTAUSCH ZWISCHEN RELIGIONEN

Der intensive Austausch von guten Ideen und Konzepten hat viele Religionen jahrhundertlang bereichert.

Diese Einflüsse haben global vermarktbare Religionen und Konzepte geschaffen. Sie haben unterprivilegierten Bevölkerungsschichten, Sklaven und Leibeigenen einen Lebenssinn aufgezeichnet und ihre Seelen getröstet.

Sie benötigten mit zwingender Notwendigkeit eine leuchtende Zukunft im Jenseits.

Auf Erden hatten sie einen ähnlichen Status wie Vieh. Sie waren die Basis für den Reichtum und das Wohlergehen ihrer Herrschaften. Sie konnten wie Vieh verkauft werden, um ihrem Herrn schnelles Geld zu verschaffen.

Religionen versprachen Belohnung im Jenseits. Diese Hoffnung machte das oft armselige Leben erst erträglich.

Die Entwicklung von mächtigen Religionsstrukturen führte zu einer Erstarrung von Religionen und zu einer freiwilligen Begrenzung des geistigen Horizonts. Vorzügliche Ideen, die von aussen herangetragen wurden, blieben ungenutzt oder wurden nicht übernommen.

Hervorragende Ideen und Philosophien anderer Religionen können Leben und Bewusstsein westlicher Menschen entscheidend bereichern.

Natürlich ist es wichtig, dass man seine Wurzeln beibehält und pflegt.

Der Respekt vor dem Leben und das Konzept, in Harmonie mit der Natur und anderen Lebensformen zu leben, sind Beispiele zu einer Lebensbereicherung.

Die Bewusstseinserweiterung unserer Handlungen mit den Augen anderer zu sehen, wird uns veranlassen, Kompromisse zu suchen und Konfrontationen zu vermeiden.

17 LEBENSCHANCEN UND LEBENSPFLEGE FÜR DIE MITBEWOHNER UNSERER ERDE

Die westlichen politischen Systeme haben sich immer durch eine atemberaubende Geld- und Machtgier ausgezeichnet. Die Reichen und Mächtigen haben die wunderbare, unberührte Natur ganzer Regionen, Länder oder gar Kontinente gnadenlos ausgebeutet und zerstört. Alles wurde in Geld verwandelt.

Die Vernichtung ganzer Völker, die Zerstörung ganzer Regenwald-Regionen, die Ausrottung der Tierwelt in den Ozeanen ist bis heute noch nicht beendet worden.

Geldgier, Brutalität und Grausamkeit regieren immer noch die Welt. Die Reichen, Rücksichtslosen und Mächtigen sind bereit, für viel Geld die letzten Naturschätze unserer Welt auszurotten und zu zerstören.

Eine CE kann einen bedeutenden Beitrag leisten, der Natur eine neue Chance zu geben.

Pflanzen und Tiere haben ihre eigenen Intelligenzformen. Es ist sicher ein spannendes Aktivitätsfeld, diese Geheimnisse zu enträtseln und zugänglich zu machen.

Die verantwortungsbewusste Forschung und Enthüllung dieser grenzenlosen Möglichkeiten kann sicher eine grosse Vielfalt an neuen Arbeitsaufgaben schaffen.

Es wird gewiss eine interessante Erfahrung sein, Gemeinden und Regionen zu schaffen, die mit der Natur in Harmonie leben. Eine Gesellschaft, die das Leben von Tieren und Pflanzen mit dem gleichen Respekt und der gleichen Würde behandelt wie einige asiatische Religionen, wird interessante Entwicklungen einleiten.

Das Potential vieler tausend Pflanzen im tropischen Regenwald ist bisher weder erforscht noch genutzt worden.

Eine CE kann den zerstörenden Aktivitäten der Reichen und Mächtigen entgegenwirken.

Sie kann Regionen entwickeln, in der die Natur und ihre Wiederbelebung eine neue Chance erhalten.

**Das Leben in Harmonie mit der Natur
kann eine neue Dimension im Leben vieler schaffen
und die Lebensqualität erheblich verbessern.**

18   LEBEN IN HARMONIE MIT DER NATUR ODER SIE DURCH RAUBTIERKAPITALISMUS AUSBEUTEN UND VERNICHTEN ?

Das Leben in Harmonie mit der Natur verbessert die Lebensqualität. Der Mensch muss in Harmonie mit der Natur leben, um sein langfristiges Überleben zu sichern.

Das Leben mit der Natur kann neue Dimensionen tiefer Freude vermitteln. Einige spirituell orientierte Menschen haben bedeutende Fortschritte erzielt in der Kommunikation mit Bäumen und Tieren.

Die Erkundung der Energiefelder anderer Lebewesen auf unserem Planeten Erde ist sicher eine interessante und Persönlichkeitsformende Form der Meditation.

Die überwiegende Mehrzahl der Menschen hat gute Charaktereigenschaften und wird sich daran erfreuen, anderen Lebensformen ein Recht auf Leben einzuräumen. Sie werden die Verzahnung und Abhängigkeit der vielen Lebensformen auf dieser Erde akzeptieren.

Leider wird es immer eine rücksichtslose, grausame Minderheit geben. Diese ist stets bereit, endlose Zerstörung, Plünderung und selbst Völkermord zu begehen, um ihre Lust und Habsucht nach Geldbergen zu stillen.

Heute zerstören sie die Grünen Lungen unserer Erde, die oft seit vielen Millionen Jahren existieren.

Ihr "Raubtierverstand" ist nicht daran interessiert, dass viele tausend Tier- und Pflanzenformen für immer von dieser Erde verschwinden.

Sie fischen unsere Ozeane leer mit ihren Fabrikschiffen und Tiefsee-
netzen.   Sogar der Wal mit seiner ausserordentlichen Intelligenz
erhält keine Gnade.   So wurde die Anzahl der hochintelligenten
Blauwale von 300.000 auf 3.000 reduziert.

Sie zermalmen sogar intelligente Fische zu Fischmehl für die
Viehernährung.

Dies ist sicher ein Schlag ins Gesicht für das Lebensrecht vieler
Lebensformen.

**Die Rückkehr zur Harmonie mit der Natur
gibt unserer Erde und seinen Lebewesen eine neue Chance.**

WIRTSCHAFTSPOLITISCHE

ASPEKTE

1   GLOBALISIERUNG UND INDUSTRIEARBEITSPLÄTZE

In der Vergangenheit hatten Industrieunternehmen eine nationale Identität. Der Aufbau von Arbeitsplätzen für die eigenen Landsleute war eine wichtige Motivation.

In der globalisierten Welt spielen diese Überlegungen eine rasch schwindende Rolle.

Es ist für die Mehrzahl der Industrieunternehmen eine Schlüsselrolle, vom Wirtschaftsboom in den asiatischen Ländern zu profitieren. Dies geschieht getreu nach dem britischen Sprichwort:

"If you cannot beat your enemies, join them" = Wenn Du Deine Feinde nicht schlagen kannst, werde einer von ihnen.

Wenn die Vorstände sich neu orientieren, so ziehen die Heere der Arbeiter und Angestellten natürlich den kürzeren. Loyalität und lebenslange Beschäftigung werden bedeutungslos.

Traditionelle Werte der Arbeitswelt muten weltfremd an angesichts einer Gesellschaft wie der chinesischen, die für einen Lohn von € 400 Superleistungen erzielt und 16 Stunden Arbeit an den Wochenendtagen ohne Schwierigkeiten durchsetzen kann.

Die Kriegswirtschaft im Frieden der Chinesen ist mit dem komfortablen Freizeit-orientierten Alltagstrott des Westens konfrontiert. Der Sieger steht natürlich schon fest.

Der westliche Industrielle schlägt sich auf die Seite der Gewinner.

Die westlichen Arbeitnehmer müssen ihre Verliererformel überarbeiten und sich neu aufstellen.

Die Initiative muss von den Arbeitnehmern ausgehen. Sie müssen ihren angenehmen Dornröschenschlaf abstreifen und sich einer härter werdenden Arbeitswelt stellen und sich durchsetzen.

Der schnelle Wandel wird diesen Prozess erleichtern.

Den Chinesen sitzen eine Milliarde Mitmenschen im Nacken, die noch nicht vom Wirtschaftsboom profitieren können. Es gibt bereits kleinere Unruheherde.

Die schnellste Lösung ist natürlich, die Intensität einer Kriegswirtschaft in Zeiten des Friedens einzuführen. So wird das Wachstum erheblich beschleunigt.

Das allmähliche Wachstumstempo und die hohe Lebensqualität sind ein Luxus. Der komfortable, Freizeit-orientierte Arbeitstrott des Westens ist natürlich im Wettbewerb chancenlos.

Ohne Neuorientierung ist der Niedergang vorprogrammiert.

2   NUTZEN AUS BOOMENDEN MÄRKTEN

Die Finanzströme unserer westlichen Welt haben sich dramatisch verändert. Viele Finanzströme, die gestern Wohlstand vermittelten, umgehen heute die westlichen Länder.

Einigen sehr erfolgreichen, hart arbeitenden Nationen ist es gelungen, viele Millionen Arbeitsplätze und ganze Industrien zu ihren Nationen zu transferieren.

Eine CE muss diese dramatischen Veränderungen berücksichtigen und darauf aufbauen.

Ein wesentlicher Teil des Einkommens muss mittel- und langfristig von den Boom-Wirtschaftssystemen kommen.

Das Internet ist ein ideales Werkzeug, um diese Märkte am anderen Ende der Welt zu erreichen.

Chinesische Organisationen bearbeiten jedes französische Department oder jede englische Grafschaft sehr intensiv.

Sie liefern ein vorzügliches Beispiel, wie man Geschäftspotentiale in anderen Teilen der Welt entwickelt.

Die finanziellen Resourcen mögen am Anfang bescheiden sein. Regionen und Märkte müssen sehr sorgfältig ausgewählt werden, um die gewünschten Erfolge zu erzielen. Die Zielsetzung muss sein, sich in jeder Region dauerhaft zu etablieren.

Chinesische Mitbewerber werden Ihre Basis fortwährend angreifen. Durch besseres Marketing, bessere Konzepte und Ideen müssen diese Bemühungen in Schach gehalten werden.

Sie müssen sich ausgezeichnete Marktkenntnisse von Märkten in anderen Teilen der Erde erwerben, um Bestseller zu schaffen. Diese Bemühungen sind nicht einfach. Japaner und Chinesen haben hier eine hohe Meisterschaft entwickelt. Sie übertreffen häufig das Niveau der lokalen Unternehmen.

Die Anpassung an Boom-Märkte in anderen Teilen der Welt ist sicher nicht leicht. Sie eröffnet jedoch die Gelegenheit, im Rhythmus der Boom-Region zu wachsen.

Dies bedeutet ein bis zu achtfach schnelleres Wachstum als bei einer anschliessenden Verzahnung mit den lokalen Märkten.

Bei Ihren Marketing-Analysen müssen Sie die Trends in Boom-Regionen berücksichtigen.

Die Evolution kann mitunter mit erstaunlicher Geschwindigkeit stattfinden.

3   MARKETING UND PRODUKTION FÜR EXPORTMÄRKTE

Der Wandel in anderen Teilen der Welt wird so umwerfend und gewaltig sein, dass unsere Welt auf den Kopf gestellt wird.

Um diesen Veränderungen entgegenzuwirken und die eigene Lebensqualität zu erhalten, sind Leistungen von historischen Dimensionen notwendig.

Die Mehrzahl der Politiker und Medienmanager können nur in viel kleineren Dimensionen denken und handeln. Sie sehen im Rückzug auf das vertraute, behagliche Dorfleben die Antwort auf die Herausforderungen.

Kaninchen und Mäuse haben ähnliche Strategien verfolgt. Ihr Schicksal ist eigentlich nicht nachahmenswert.

Man kann sehr schnell Opfer von wirtschaftlichen Raubtieren werden. Die Situation erfordert Mut, um der Herausforderung ins Auge zu sehen.

Der japanische Erfolg vor einiger Zeit war ein hervorragendes Beispiel, dass man für Märkte am anderen Ende der Welt eine ausgezeichnete Marketing-Arbeit leisten kann.

Eine CE muss Datenbanken aufbauen, um das erforderliche Marketing-Wissen verfügbar zu haben.

Die Qualität der japanischen Institutionen war fast immer besser und gründlicher als die Arbeiten lokaler Institutionen. Sie verstanden die Kundenwünsche von morgen meist besser als die lokalen Hersteller. Dies war fast immer ein K.O.-Kriterium.

Eine Entfernung von 10.000 km war kein Erfolgshindernis, sondern ein Ansporn.

Es wird so ein Arbeitsplatzfundament geschaffen für Tausende mit einem flexiblen, kreativen Bestand.

Information ist eine lebenswichtige Basis für den Erfolg.

**Die wichtige Herausforderung ist es,
Niederlagen Schritt für Schritt in Erfolg umzuwandeln.**

**Die Qualität der Information ist ein Schlüsselwerkzeug
zur wirtschaftlichen Gezeitenwende.**

4   INTERNET UND MODERNE KOMMUNIKATION

Internet-Marketing ist für eine CE ein sehr wichtiges Werkzeug. Es erlaubt, globale Geschäftschancen zu entwickeln.

Der Westen hat seine Wurzeln im Kolonialismus und in der europäischen militärischen Beherrschung der Welt.

Die Dominanz des weissen Mannes verblasst allmählich und verwelkt.

Die Finanzströme werden nun von den aufsteigenden Ländern in deren Sinne verändert.

Die Teilnehmer einer CE müssen dem neuen Verlauf der Finanzströme folgen. Das Festhalten an alten Wegen wäre Existenz-bedrohend.

Wir müssen anerkennen, dass die Chinesen Musterlösungen für die globale Internet-Vermarktung entwickelt haben. Es müssen alternative Systeme entwickelt werden.

Eine CE ist nicht mit der Vorstellung einer westlichen Überlegenheit belastet.

Die Tatsache muss akzeptiert werden, dass uns China und andere Wirtschaftsblöcke bereits überholt haben und neue Realitäten schaffen. Der Zeitpunkt ist gekommen, da wir beginnen müssen, den neuen, sehr erfolgreichen Mega-Nationen über die Schulter zu schauen.

Globale Marketing-Aktivitäten erfordern die Anpassung an oft völlig andere Wirtschaftssysteme und das Erlernen von deren Sprachen und Kulturen.

Dies schafft und eröffnet Chancen auf Arbeitsplätze für Tausende, die bereit sind, sich in eine neue Welt zu integrieren.

Routine-Jobs fallen mehr und mehr Automations-Systemen zum Opfer.

Die Mehrzahl der Teilnehmer einer CE muss Jobs akzeptieren, in denen intellektuelle Fähigkeiten eine Schlüsselrolle spielen.

Chinesische Institutionen scheuen keine Mühe, die neuen interessanten Entwicklungen anderer Industrienationen kennenzulernen und zu absorbieren.

Eine CE muss die gleiche mentale Einstellung übernehmen und systematisch alle chinesischen Neuentwicklungen nutzen.

5   FINANZIERUNG VON PRODUKTENTWICKLUNGEN

Glück, Erfolg und Vollbeschäftigung für seine Teilnehmer sind die wichtigsten Zielsetzungen einer CE. Kapital wird es für einige Zeit nicht genügend geben.

Fast alle asiatischen Wirtschaftssysteme haben mit ähnlichen Einschränkungen beginnen müssen.

Die CE muss die bewährten Strategien der asiatischen Erfolgsmethoden einsetzen, um Kosten zu reduzieren und ihre Ziele zu erreichen.

Beim Absorbieren der Erfolge von chinesischen Produktentwicklern können Jahre Entwicklungsarbeit eingespart werden. Ein Wachstum im chinesischen Stil kann angestrebt und erzielt werden.

Westliche Spielregeln können bei der Qualität des Mitbewerbers tödlich sein.

Es ist sehr wichtig, dass die Chinesen den Atem der CE im Nacken spüren. Dies verbessert die Wertschätzung.

Es eröffnet die Chance, chinesische Fortschrittsgeschwindigkeit zu erreichen.

Die CE erhält die verbesserte Chance, die immer größer werdende Lücke zwischen westlichem Wachstum und chinesischem Wachstum zu schliessen.

Wir müssen asiatische Arbeitsmethoden motiviert übernehmen, um die Wunden zu heilen, die das Sterben unzähliger Industrien gerissen hat.

Ehrgeizige Zielsetzungen müssen beschlossen werden, um der Aktivität die dringend erforderliche Erfolgsausrichtung zu geben.

Kann der Westen ohne eine Position des Wirtschaftskrieges langfristig seinen Lebensstandard und seine Qualität erhalten ?

Für die US-Armee war der Raub der deutschen Patente von herausragender Bedeutung. Die deutschen Patentämter wurden geleert und der Inhalt in die USA verfrachtet.

Der wirtschaftliche Aufstieg der USA hat die Richtigkeit dieses Vorgehens bewiesen.

Kann sich der Westen eine höhere Moral leisten, als es die USA gezeigt haben ?

Dort, wo der Westen eine unproduktive Massenproduktion an Rechtsanwälten realisiert, schafft China eine Massenproduktion von Ingenieuren und Produktentwicklern.

Aus dieser Gegebenheit wird sich eine wachsende Not entwickeln. Mit hoher Wahrscheinlichkeit wird der Westen chinesische Entwicklungen nutzen müssen.

Niemand hat ein schlechtes Gewissen, wenn wir chinesische Erfindungen wie Stahlproduktion, Papier, Buchdruck und Schiesspulver nutzen.

Der Westen hat noch keine Rolle gefunden in einer Welt, in der China die Rolle beansprucht, Fabrik und Entwicklungslabor der Welt zu sein.

6   GEWINNOPTIMIERUNG - MEGAPROFITE

Die westliche Welt verblasst schneller als erwartet.

Sklaverei, Leibeigenschaft, Zwangskonsum von Opium, die Ausplünderung ganzer Völker und Nationen, die systematische Ermordung der nordamerikanischen Eingeborenen-Bevölkerung hat eine skrupellose, grausame Elite unendlich reich gemacht. Grenzen-loser Wohlstand durch Ausrottung und Ausbeutung war die Erfolgsformel. Eine reiche Minorität konnte dem Rest der Welt ihre Ordnung und ihr System aufzwingen.

Goldwährungen mögen ideal gewesen sein für eine skrupellose Elite. Mit menschenverachtenden Geschäftsmethoden konnte man sich elitäre Wege finanzieren.

Für die ehrliche, rechtschaffene Mehrheit mussten machbare, bescheidenere Alternativen erarbeitet werden.

Die Masse der Bevölkerung hatte keine Gelegenheit, militärisch unterlegene Nationen auszuplündern und so eine Wohlstandsbasis für viele Generationen zu schaffen.

Die Würde und der Wert menschlicher Arbeit müssen wiederbelebt werden.

Eine Wachstumswirtschaft muss entstehen, wahrscheinlich nach asiatischen Vorbildern. Diese muss den Willen, den Bedarf und die menschliche Arbeitskapazität in die Schaffung von Tausenden von Produkten und Dienstleistungen verwandeln.

Die Entwicklung der letzten Jahre hat gezeigt, dass westliche Unternehmer sehr wenig oder keine Loyalität für die Basis ihres Wohlstands haben.

Der Trend zur Gewinnoptimierung veranlasst sie, die loyale Belegschaft zu entsorgen. Sie ist nur noch Müll auf dem Wege, Milliarden und Billionen zu scheffeln.

Mit Niedriglohn-Arbeitskräften kann man sich das Leben sehr viel leichter machen und seine Bankkonten erfreuen.

Die geopferten Mitarbeiter müssen sich eigene Lösungen schaffen, um wieder menschliche Würde zu erlangen.

**Die Schaffung von CEs ist wahrscheinlich langfristig
der sinnvollste und menschlichste Weg.
Die Erste Wirtschaft sollte beim Aufbau Hilfe leisten.**

7 FINANZIELLE WETTBEWERBSFÄHIGKEIT

Chinesische Wirtschaftsstrukturen arbeiten schon seit vielen Jahren mit politischen Preisen.

Wichtige Kostenfaktoren wie z. B. Renten und Pensionen konnten zu anderen Produktions-Standorten transferiert werden. Diese waren in der Regel nicht dem harten globalen Wettbewerb ausgesetzt.

Das westliche System der Werks-zugeordneten Kostenrechnung erwies sich öfter als selbstmörderisch.

Die Situation erfordert, dass diese Mitbewerber mit den eigenen Strategien geschlagen werden müssen.

Eine CE erlaubt eine grössere Flexibilität als die Erste Wirtschaft, um solchen Herausforderungen zu begegnen.

Sozialkosten müssen vor allem von Produktions-Standorten getragen werden, die für die lokalen Märkte produzieren.

Produkte für globale Märkte sollten bei intensivem Mitbewerb von Sozialkosten befreit werden. Dies geschieht, um die Erfolgsrate zu erhöhen.

Eine CE muss grosse Anstrengungen unternehmen, um die Sozialkosten zu minimieren.

Die Herausforderung einer CE ist es, viele Jobs für die wegrationalisierten Unglücklichen der Ersten Wirtschaft zu schaffen. In vielen Fällen werden sie ansonsten ewige Arbeitslosigkeit erdulden müssen.

Bei einer stetig sinkenden Beschäftigungsbasis erwächst hier ein rasch wachsender Aderlass für den Steuerzahler.

Mit dem Transfer ganzer Industrien in die Niedriglohnländer wird die neue Last für den Steuerzahler allmählich unerträglich werden.

China hat stets alle Schritte abgelehnt, den Yuan der tatsächlichen Kaufkraft anzupassen. Die Unterbewertung des Yuan war stets ein Schlüsselelement für die globale Erfolgsstrategie.

Eine CE muss dem Schlüsselelement der sehr eindrucksvollen chinesischen Wirtschaftsexpansion grosse Beachtung schenken.

Der Wert der alternativen Kaufkraftbeschaffung sollte weniger der lokalen Währung angepasst sein, sondern unterhalb des Wertes des Yuan liegen.

**Diese Massnahme schafft die ideale Basis
für den globalen Erfolg und das langfristige Überleben.**

8 ÜBERNAHME DER ERFOLGSFORMEL DES SIEGERS

Asiatische Strukturen haben oft komplexe Strategien entwickelt, die sich für ihre Mitbewerber als tödlich erwiesen.

Die Erfolgsgrundlage ist oft, dass der Gegner die Gefahr erst erkennen darf, wenn er den Gnadenstoss erhält.

Viele Strukturen beruhen auf den engen Formen der Zusammenarbeit auf nationaler Basis.

Eine CE ist natürlich ein sehr viel kleinerer Spieler. Asiatische Erfolgsstrategien müssen CE-Dimensionen angepasst werden.

Die chinesische internationale Vermarktungs-Aktivität erreicht jede Region in jedem Zielmarkt. Die regionalen Aktivitäten sind oft besser durchdacht als die der lokalen Gegenspieler.

Eine gut geplante und vorbereitete Internet-Vermarktungs-Aktivität kann natürlich in jeder Region beginnen.

Die Chinesen haben eine globale Aktivität entwickelt. Man kann natürlich auch bescheidenere Ziele anstreben.

Eine globale Struktur kann von vielen CE's genutzt werden. Der schrittweise Aufbau eines vorzüglichen Service für die globale Gemeinschaft wird eine grosse Anzahl von hoch qualifizierten Jobs mit intellektueller Herausforderung schaffen.

Geld wird bei einer CE für eine lange Phase knapp sein. Die Manager einer CE müssen aus der ausgezeichneten Finanzkraft der Mitbewerber Vorteile ziehen.

Es ist stets sehr wichtig, vom Gegner zu lernen und dessen Erfolgsstrategien zu übernehmen.

Die Regionen für die Anfangs-Marketing-Aktivität müssen sehr sorgfältig ausgewählt werden.

Der EU-Kommissar Prodi reiste vor einiger Zeit nach Peking, um Freiräume zu verhandeln, die China bereit ist, für die EU-Industrien zu reservieren.

Die chinesische Regierung wollte sich nicht einengen lassen. Die Industrialisierung aller 1,4 Milliarden Chinesen macht Nachsicht und Gnade unmöglich.

Es kann keinen Schutz und keine Freiräume geben. Es wird keine Roten Listen der bedrohten Industriearten geben. Es muss mit Sicherheit eine Vereinbarung verhandelt werden, die westlichen Unternehmen die Lizenznutzung chinesischer Entwicklungen erlaubt.

Es wird natürlich extrem schwierig sein, einen fairen Deal zu erhalten. Vor allem wird es schwierig sein, das Übernehmen westlicher Kundenbasen durch chinesische Firmen zu unterbinden.

Die Not wird erfinderisch machen müssen.

Vielleicht müssen westliche Unternehmen chinesische bewährte strategische Praktiken übernehmen.

SOZIALPOLITISCHE ASPEKTE

1   DIE WURZELN DES REICHTUMS

Russische und westeuropäische Aristokraten haben ihren Wohlstand an der Anzahl der Sklaven und unbezahlten Leibeigenen gemessen, die ihnen von der Krone zugeteilt wurden.

Ihr strahlender Reichtum und der Glanz ihrer Schlösser hatten die gewaltigen unbezahlten Arbeitsleistungen unzähliger Leibeigener als Basis.

Als Leibeigene allmählich Arbeiter und Angestellte wurden, verblasste der Glanz. Es war nicht mehr finanzierbar, z. B. ein 128-Schlafraum-Schloss mit bezahlten Angestellten zu unterhalten.

Industrielle folgten in den Fussstapfen der Aristokraten. Millionäre wollten Milliardäre werden. Die systematische Absenkung der Lohnkosten ist ein wichtiger Meilenstein auf dem Wege, Milliardär zu werden.

Das Schicksal der Leibeigenen und Sklaven hat ihren Herren nie Kopfzerbrechen bereitet.

Ebensowenig wird das Wohlergehen von Angestellten und Arbeitern den Erben grösserer Industrieunternehmen schlaflose Nächte bereiten.

Der Druck des asiatischen Mitbewerbs zwingt sie, ein asiatisches Lohn- und Gehaltsniveau Schritt für Schritt durchzusetzen.

Die asiatische Herausforderung mit ihren Erfinder- und Produktentwickler-Armeen ist hauptsächlich eine technologische Herausforderung. Nur extreme Anstrengungen werden verhindern können, dass asiatische Hersteller dem Westen allmählich um eine Generation voraus sein werden.

Die Arbeit der Gewerkschaften wird sich dramatisch verändern. Die ihnen anvertrauten Arbeiter werden nur finanziell überleben, wenn sie sich erheblich billiger verkaufen als ihre asiatischen Kollegen.

Lohn- und Gehaltssteigerungen werden in der morgigen Welt kaum noch durchsetzbar sein.

Chinas mittelfristiges Ziel ist es, die Position des Westens einzunehmen. Es beansprucht allmählich die Position der wirtschaftlichen Sonne, um die die anderen Wirtschaftsnationen ihre fest zugeordneten Planetenbahnen ziehen.

Wenn wir ehrlich sind, müssen wir zugeben, dass dies die natürliche Rolle für ein völlig industrialisiertes China ist.

Die heutige Fabrik und morgige Entwicklungsabteilung der Welt beansprucht, unsere Sonne zu werden, nach der sich alle orientieren müssen.

2   DEMOGRAPHISCHE ENTWICKLUNG

Die demographische Entwicklung steht in enger Beziehung zum wirtschaftlichen Erfolg und zur Verfügbarkeit von bezahlter Arbeit. Die Verfügbarkeit von Jobs und die Gelegenheit, gutes Geld zu verdienen, setzt Hunderttausende, Millionen oder gar Hunderte von Millionen in Bewegung.

Falls die Organisatoren einer CE sich stärker anstrengen als die Erben und Manager der Traditionsindustrien, so wird es möglich sein, viele Jobs zu schaffen. Arbeitswillige werden in jeder denkbaren Zahl eintreffen und sich um Arbeit bemühen.

Die CE hat die Aufgabe, nur die kinderreichen Familien auszuwählen. Die Idealisierung grosser Familien in der einheimischen Bevölkerung wird bald mehr und mehr grössere Familien schaffen und so das Problem der demographischen Entwicklung lösen.

Wir müssen akzeptieren, dass unsere traditionellen Werte verblassen werden. Unsere erfolgreichen Industrien der Vergangenheit mögen für die heutige Welt vielfach zu langsam sein.

Sogar kleinere Firmen und Firmen mittlerer Grösse werden Schwierigkeiten bekommen, in der unmittelbaren Nachbarschaft genug Geschäfte zu tätigen.

Die systematische, kreative Geschäftsentwicklung in gründlich ausgewählten Regionen unseres Globalen Dorfes wird eine Schlüsselstellung im wirtschaftlichen Überleben bedeuten.

Eine CE muss akzeptieren, dass die Rolle einer Arbeitsstellen-Massenproduktion ihr aus Notwendigkeit mehr oder weniger zufallen wird.

Die Werte einer reichen, rücksichtslosen Besitzschicht müssen ersetzt werden durch die Werte einer Gesellschaft, in der der Mensch im Zentrum steht.

Die Realität, motivierter und härter arbeiten zu müssen, wird immer notwendiger für Erfolg und Überleben.

Die Schaffung von mehreren CEs bietet eine einmalige Chance, eine wirtschaftliche Renaissance einzuleiten.

Wir müssen wahrscheinlich alle akzeptieren, dass die bequemen Zeiten für unseren Teil nie wieder zurückkehren werden.

Es muss ein neuer Platz in der Gemeinschaft der hart arbeitenden Nationen erarbeitet werden.

3 UNERMÜDLICHER EINSATZ ZUR MARKTERWEITERUNG

Der unermüdliche Einsatz zur Umsatzerweiterung ist die wichtigste Voraussetzung zum langfristigen Erfolg.

Eine längere Periode des Verweilens wirkt sich zum Beginn eines wirtschaftlichen Niedergangs aus.

Die Fortschrittsgeschwindigkeit in China und anderen asiatischen Nationen zwingt eine CE zu einer beschleunigten Marktentwicklungs-Geschwindigkeit.

Es ist von Schlüsselbedeutung, dass der Freizeit-orientierte westliche Lebensstil beerdigt und vergessen werden muss.

Chinesische Industrien haben Jahrzehnte der Produkt- und Systementwicklung und Milliarden an Entwicklungskosten durch Kopieren eingespart.

Es ist ihnen gelungen, mit ihren Strategien die Arbeitsplätze des Silicon Valley nach Südchina zu transferieren.

Eine CE ist mit hoher Wahrscheinlichkeit gezwungen, Elemente der chinesischen Erfolgsstrategien zu übernehmen. Sie muss sich einer Welt im Wandel anpassen.

Natürlich sind die chinesischen Erfolgstechniken nicht immer edel. Der Wille zum Überleben heiligt viele Mittel.

Es ist wichtig, die chinesischen Marketing-, Entwicklungs- und Produktionsbemühungen zu analysieren un zu beobachten. Wichtige Elemente zur eigenen Zukunftsgestaltung können daraus entnommen werden.

Eine CE hat keinen grossen Ruf oder Prestige zu verteidigen. Eine CE kann sich so organisieren, dass eine chinesische Fortschrittsgeschwindigkeit erreicht wird.

Dies mag nicht die Optimierung der Bequemlichkeit darstellen. Die Darwin'sche Weisheit vom Überleben des in jeder Hinsicht Fittesten ist das entscheidende Kriterium.

Langfristig muss die CE einen wichtigen Beitrag zur industriellen Lückenschliessung erbringen. Diese entstand, als die Erben westlicher Industrieunternehmen reihenweise desertierten und zum Sieger von morgen überliefen.

In vergangenen Jahrzehnten war es ausreichend, einen Distributor in jedem Markt zu ernennen. Dies war natürlich der Weg des Faulen, um reich zu werden.

In der heutigen Welt muss jeder wichtige potentielle Kunde erreicht werden, um die chinesische Fortschrittsgeschwindigkeit einzuholen.

Das heisst in klarer Sprache, dass mittels Internet 300 - 400 potentielle Kunden statt des einen Distributors kontaktiert werden müssen.

Ein grösserer Erfolg und eine tiefere Marktdurchdringung werden die Belohnung für die Mühe sein.

4   UNERMÜDLICHE SCHAFFUNG VON ARBEITSCHANCEN

China ist sehr erfolgreich in seinem Ehrgeiz, die Entwicklungs-Abteilung und die Fabrik der Erde zu werden.

Ein industrielles China mit 1,5 Milliarden Menschen wird die Preisrahmen und die Technologiestandards für den Rest der Erde festlegen.

Der allmähliche Niedergang in der Kaufkraft für die überwiegende Mehrheit der Bevölkerung der westlichen Nationen zwingt zur Übernahme des chinesischen Preis- und Lohnsystems. Die weiteren Wirtschaftsfaktoren werden allmählich folgen.

Für eine CE ist es leichter, diese Flexibilität zu erzielen als für die Erste Wirtschaft. Eine CE muss das Niveau der chinesischen globalen Marktdurchdringung als Standard anstreben.

Eine CE sollte mit sorgfältig ausgewählten Regionen beginnen und eine Tiefenmarktentwicklung anstreben. Die Marktposition muss fortwährend verbessert werden.

Die Ausgangsposition ist nicht eine Position der gepflegten Bequemlichkeit, sondern eine Arbeit mit sehr hoher Intensität, um einen langfristigen Erfolg zu erzielen und das Überleben zu sichern.

Inspiration und Ideen, neue Jobs zu schaffen und neue Trends zu erkennen, können den Wirtschafts- und Berufszeitschriften der wichtigen globalen Spieler entnommen werden.

Die boomenden Nationen sind von besonderem Interesse.

Die fortwährende Beobachtung der globalen Chancen und Ideen schafft die Arbeitsgrundlage, Aktivitäten auszuwählen, welche für eine CE besonders geeignet sind.

Die Suche nach neuen Arbeitschancen muss gekoppelt sein mit der Anzahl der Arbeitsplätze, die notwendig sind, um Vollbeschäftigung zu erzielen.

**Vollbeschäftigung ist das wichtigste Ziel,
nicht Megagewinne für eine selbsternannte kleine Kaste.**

5 SICHERE JOBS UND VERLÄSSLICHE EINKOMMEN

Job-Sicherheit und verlässliche Einkommen während eines langen Arbeitslebens sind ein Schlüsselelement für Lebensqualität und eine hohe Lebenserwartung.

Im Zeitalter der Gewinnoptimierung müssen diese Ziele in den Hintergrund treten.

In der Mehrzahl der Staaten dieser Erde ist das Sozialsystem völlig unzureichend oder besteht gar nicht.

Den Arbeitsplatz verlieren kann hier einem Todesurteil gleich kommen. Die Entsorgung von Mitarbeitern hat auch bei uns Gesundheits- und Lebens-gefährdende Auswirkungen.

Der menschliche Aspekt sollte im Vordergrund stehen.

Eine CE muss sich die Mühe machen, bei Reorganisationen neue Arbeitsplätze zu schaffen.

Transfer statt Einsparung muss die Devise sein.

Jeder Mitarbeiter sollte mehrere Jobs ausfüllen können, damit er für ein grösseres Job-Spektrum einsetzbar ist. Dies fördert auch die Kreativität.

Es muss eine Kultur der Verbesserungsvorschläge geschaffen werden. Die besten Vorschläge kommen meist aus den eigenen Reihen. Die Mitarbeiter sollten in der fortgeschrittenen Phase motiviert werden, für Wachstumsmärkte Produkte mit Bestseller-Potential zu schaffen.

Durch den lebenslangen Fortbildungsprozess kann diese Erfolgsformel systematisch entwickelt und auf eine breite Basis gestellt werden.

Im Kern geht es darum, das Potential eines jeden Mitarbeiters optimal zu entwickeln.

Ich habe in China 70- und 80-Jährige angetroffen, die grosse Vasen von eindrucksvoller Anmut und Schönheit fertigten.

Es wäre sicher eine Sünde gewesen, ihre Talente nicht zu nutzen.

Wir müssen unsere Arbeitswelt innerhalb einer CE so gestalten, dass unsere Senioren ähnliche Chancen zur Selbstgestaltung erhalten. In vielen Sektoren der Wirtschaft ist Erfahrung wichtiger als körperliche Stärke. Ein wesentlicher Anteil dieser Aufgaben muss für Senioren reserviert werden.

In anderen Teilen einer CE-Wirtschaft muss toleriert werden, dass Senioren 70 - 80 % der Arbeitsleistung der jüngeren Kollegen erzielen.

Eine intelligente Job-Rotation der Senioren wird ihren Verstand fit und kreativ halten. Der Lernprozess sollte niemals enden.

**Die Beschäftigung von Senioren
ist einer der grossen Vorteile,
die eine CE gestalten kann.**

6   DIE VERWALTUNG DES MANGELS

Die chinesischen Industrien haben 400 Millionen Arbeitskräfte integriert. Weitere Tausend Millionen verfolgen den Fortschritt mit Neid.

Die Unglücklichen sehen neue Häuser entstehen, neue Fahrzeuge an sich vorbeirauschen und viergängige Gelage chinesischer Köstlichkeiten und bestehen auf die gleiche Lebensqualität.

An einigen Orten ist es bereits zu Unruhen gekommen. Geschäfte und Öffentliche Einrichtungen gingen in Flammen auf.

Die chinesischen Machthaber stehen unter grossem Druck, die gesamte Bevölkerung auf den neuen chinesischen Standard anzuheben.

Die notwendige Fortschrittsgeschwindigkeit kann nur durch den Trasnfer ganzer westlicher Industrien nach China erzielt werden.

Mit dieser Strategie können Jahrzehnte in der Produktentwicklung eingespart werden. Die eingesparten Milliarden können in die Industrien von morgen investiert werden.

Dies erzeugt allmählich einen wirtschaftlichen Vorprung bei den Schlüsselindustrien.

Die Chinesen erhalten die Chance, nach westlichem Vorbild eine sanfte Form der wirtschaftlichen Kolonialisierung einzuleiten.

Sie zielen auf einen technologischen Standard, wo westliche Mitbewerber aus Technologie- und Preisgründen aufgeben.

Eine weitere Quelle westlichen Wohlstands schwindet dahin.

Schritt für Schritt erfreut sich China einer Lebensqualität, die der westlichen gleichkommt.

Unsere Arbeitnehmer erfahren allmählich die Not der früheren chinesischen Arbeitnehmer. Sie werden sich in die Rolle des technisch Überholten einfügen müssen.

Der westliche Niedergang wird über eine lange Periode erfolgen.

Wohlfahrtsorganisationen werden extreme Anstrengungen machen, um den Hunger für wachsende Teile der Bevölkerung abzuwenden.

Wohlfahrt hat natürlich seine Grenzen.

Es muss heute gehandelt werden, um die drohende Not und den Hunger von unserer Türschwelle abzuwenden.

Durch die Strategie, westliches Know-How zu absorbieren, erreichen die Chinesen westliches Niveau, ohne Zeit und Geld zu investieren.

Mit den ersparten Resourcen kann die Produktentwicklung außerhalb der Reichweite westlicher Unternehmen vorangetrieben werden.

Es wird immer häufiger geschehen, dass westliche Unternehmen ihre eigenen Entwicklungen nicht mehr fertigen dürfen, da die Fortentwicklungen chinesische Patente tragen.

7 LEBENSUNTERHALT FÜR SOZIAL SCHWÄCHERE

Unsere Lebensform und Lebensqualität wird heute herausgefordert von Entwicklungen, die am anderen Ende der Welt ihren Ursprung haben.

Die Herausforderer können eine Produktentwicklung von hoher Geschwindigkeit und deutscher Qualität realisieren. Aufgrund ihrer Arbeitsorganisation sind sie viel früher vermarktungsbereit.

Sie haben bereits brandneue Produkte für neue Markttrends fertig, wenn westliche Unternehmen sich zu sehr in der Gewinnoptimierung verlieren.

Es wird immer häufiger vorkommen, dass asiatische Unternehmen auf der Überholspur sind und vormals stolze westliche Unternehmen die Technolgie von gestern verkaufen müssen.

Die Finanzbasis, mit der westliche Politiker ihr Sozialsystem finanziert haben, erodiert und wird sich allmählich auflösen.

Ein gewisser Prozentsatz der Bevölkerung wird im höheren Alter nicht in der Lage sein, einen Beitrag zur Finanzierung der Gesellschaft zu leisten.

Für die CE-Gesellschaft ist es wichtig, diesen Personenkreis so klein wie möglich zu halten.

Der Verlust der Funktionsfähigkeit von Verstand und Körper ist oft ein Zeichen von mangelnder Selbstdisziplin und der Fähigkeit, sein Leben zu gestalten.

Ungesunde Ernährung ist oft die Hauptursache des vorzeitigen Verfalls.

Ungesunde Ernährung sollte einer Sondersteuer unterliegen. Der Verursacher muss auch die riesigen finanziellen Folgen tragen.

Die Auswirkung der ungesunden Ernährung ist sicher bedeutender als die Auswirkung von Kettenrauchen.

Sie muss bekämpft werden, da die Finanzen zur Heilung der Auswirkungen wahrscheinlich nicht vorhanden sein werden.

Eine falsche Ernährung bedeutet Selbstmord auf Raten.

Dies muss wichtiger Bestandteil des Bewusstseins der Teilnehmer einer CE werden.

Schockierende Poster - ähnlich wie die britischen Poster zum Thema Rauchen - sollten die Informationskampagne begleiten.

Die Vernunft muss sich durchsetzen, und der Weg der Gesundheit bis ins hohe Alter muss beschritten werden.

Die Einnahmen aus der Besteuerung für lebensverkürzende Ernährung könnte eingesetzt werden, um die Sünder wider ihre Gesundheit am Leben zu erhalten.

Die Besteuerung sollte ausreichen, um die hohen Kosten für Gesundheit und Krankenhaus zu tragen.

EPILOG

1 DEM RAUBTIER-KAPITALISMUS ENTGEGENWIRKEN

Raubtierkapitalismus ist während des letzten Jahrhunderts direkt und indirekt eine der Haupttodesursachen gewesen.

Er ist es immer noch.

Der grausame Transfer von ganzen Industrien in Niedriglohnländer verursacht Verzweiflung bei Millionen Betroffenen. Gehälter und Löhne sind immer noch die Haupteinkunftsquelle für die Mehrheit der Bevölkerung.

Der Transfer der Lebensgrundlage in ferne Länder zerstört unzählige Familien und verursacht Tausende von mehr oder weniger getarnten Selbstmorden.

In China werden solche Taten als Vaterlandsverrat gewertet und mit Strafen zwischen drei Jahren Zwangsarbeit und öffentlicher Hinrichtung geahndet.

Die Wurzeln unseres Justizsystems und unserer Gesetze gehen auf die Zeit der Leibeigenschaft und der finanziellen Ausbeutung zurück. In dieser Epoche konnte ein Reicher die Existenz eines jeden Abhängigen zermalmen.

Im heutigen Stand der Evolution müssen das Schicksal und die Lebensqualität der arbeitenden Bevölkerung im Mittelpunkt aller Entscheidungen stehen.

Der Raubtierkapitalismus muss an die Raubtierleine gelegt werden.

Der Westen kann sich nicht den Luxus leisten, die Lebensgrundlage von Millionen zu zerstören, nur um wenigen Raubtierkapitalisten zu gefallen.

Eine CE muss ein Vorbild sein im fairen, menschenwürdigen Management von Mitarbeitern.

Dies wird auch mittel- und langfristig die Erste Wirtschaft beeinflussen.

Daraus sollte sich allmählich eine höhere Moral entwickeln, in der bei der Entsorgung von Mitarbeitern ein tiefes Schuldgefühl aufkommt.

Es muss das Arbeitsprinzip entstehen:

Wer eine Arbeitsstelle wegrationalisiert, muss parallel einen neuen Arbeitsplatz schaffen.

2   DER DIREKTE WEG ZUM GLÜCK

Das System einer CE hat die Möglichkeit, den direkten Weg zu mehr Glück und Zufriedenheit einzuschlagen.

Die Erste Wirtschaft verschafft die Mittel, mit der sich die Bevölkerung ein kleines Stück vom Glück erwerben kann.

Dies ist offensichtlich ein Umweg, um ein grösseres Stück Glück und Zufriedenheit zu erhalten.

Diese Form der Zufriedenheit existiert so lange, wie ein warmer Finanzstrom in unsere Richtung fliesst.

Die globale Wirtschaft und ihre Machtfaktoren verändern Finanzströme heute sehr schnell. Schwindende Finanzströme können rasch Zufriedenheit in Frustration verwandeln.

Eine CE verschafft die Möglichkeit, direkt den Weg zu Glück und Zufriedenheit einzuschlagen.

Der Umweg der Ersten Wirtschaft kann vermieden werden.

Gigantische Nationen wie China und Indien haben sich in Bewegung gesetzt und beanspruchen einen wachsenden Teil des globalen Wohlstands.

Ihre Mitarbeiterheere sind oft stärker motiviert und besser ausgebildet als ihre westlichen Kollegen.

Die Nationen des Westens müssen neue Lebenswege erarbeiten.

Die Rückkehr zu den einfachen Lebensformen der Vorväter wird nicht möglich sein.

Die Umstände werden sie zwingen, den direkten Weg zu Glück und Zufriedenheit zu wählen.

Glück wird in Zukunft weniger materiell sein müssen.

Die mentale und spirituelle Form des Glücks muss mehr gefördert und entwickelt werden.

Die Zukunft muss in vielen kreativen Wegen verstanden und geformt werden.

ÜBER DEN AUTOR ...

Norbert Braun - Diplom-Industriedolmetscher für die englische und französische Sprache, Industriekaufmann, Verkaufstrainer und -Ausbilder - wurde durch den vielseitigen Einsatz im Verlauf seines Arbeitslebens zum "Mr. Mission Impossible" auf dem Vertriebssektor. Er wurde immer dann eingesetzt, wenn es für den "normalen" Vertriebsmann zu schwierig wurde.

Neben der in seinem ersten Werk **Die Kompostierung der "Grufties" und "Scheintoten"** beschriebenen japanischen Arbeitsmarktinitiative gehörte unter anderem zu seinen Aufgaben, an die Zentralen der staatlichen Arbeitsämter, an Arbeitsministerien, Wissenschafts-Ministerien, an Regionalverwaltungen und Schulungsorganisationen die für die Neuen Bundesländer gezimmerte CBL-SW (Computer-based Learning Software) zu vermarkten.

Dies geschah zur Zeit der deutschen Wiedervereinigung, da sehr viele Menschen auf die Arbeitsweisen des Westens umgeschult werden mussten.

Nach dem Ablauf der Ex-DDR-Umschulungen wurde ein Nachgeschäft organisiert, vor allem in Ländern mit grossen Arbeitsmarktproblemen.

Hierzu gehörten: China, Russland, Australien, Kanada, Nordspanien, Frankreich, Grossbritannien und Irland.

In seinem ersten Werk stellt der Autor sein Wissen und seine reichhaltige Erfahrung zur Verfügung, um einen Beitrag zu leisten, den Bewohnern von sterbenden Wirtschaftsregionen und Mitarbeitern von abwandernden Industrien dazu zu verhelfen, sich einen Teil des verloren gegangenen Lebensstandards zurückzuerobern.

Im vorliegenden Werk zeigt der Autor auf, wie man durch eine Änderung der Werte eine höhere Lebensqualität erzielen kann.

WEITERE WERKE DES AUTORS

Die Kompostierung der "Grufties" und "Scheintoten"

**Ein visionärer Versuch,
wertvolles Humankapital
zum Leben zu erwecken**

www.ingramcontent.com/pod-product-compliance
Lightning Source LLC
Chambersburg PA
CBHW081839250726
48659CB00008B/2522